BEI GRIN MACHT SICH IHR WISSEN BEZAHLT

- Wir veröffentlichen Ihre Hausarbeit,
  Bachelor- und Masterarbeit

- Ihr eigenes eBook und Buch -
  weltweit in allen wichtigen Shops

- Verdienen Sie an jedem Verkauf

Jetzt bei www.GRIN.com hochladen und kostenlos publizieren

Rebecca Schwarz

Erzählende Typen, Parodie und 'Gegensang' im späten Minnesang. Eine Lernzusammenfassung

GRIN Verlag

Bibliografische Information der Deutschen Nationalbibliothek:

Die Deutsche Bibliothek verzeichnet diese Publikation in der Deutschen National-
bibliografie; detaillierte bibliografische Daten sind im Internet über http://dnb.d-
nb.de/ abrufbar.

Impressum:

Copyright © 2010 GRIN Verlag, Open Publishing GmbH
Druck und Bindung: Books on Demand GmbH, Norderstedt Germany
ISBN: 978-3-668-00498-6

Dieses Buch bei GRIN:

http://www.grin.com/de/e-book/301785/erzaehlende-typen-parodie-und-gegensang-
im-spaeten-minnesang-eine-lernzusammenfassung

Mitschrift: Erzählende Typen, Parodie und 'Gegensang' im späten Minnesang

1 Gottfried von Neifen

Gottfried von Neifen war ein Minnesänger aus einem edelfreien schwäbischen Geschlecht der freien Herren von Neifen, das vielleicht schon seit ca. 1150, sicher seit 1198 bezeugt ist. Erste urkundliche Belege über Gottfried, zusammen mit seinem Bruder Albert und deren Vater, sind in einer Urkunde König Heinrichs vom 15.02.1234 belegt. 1235 wird Gottfried mit Bischof Hermann von Würzburg von König Heinrich nach Paris zu Ludwig VIII. geschickt. Im selben Jahr werden die Brüder in der Schlacht im Schwiggertal gefangen genommen, nach Aussöhnung mit dem Kaiser wieder freigelassen und sind von März 1236 bis September 1237 in seiner Umgebung. Danach erschien Gottfried nur noch in Privaturkunden, 1241 ist er als wohnhaft auf Burg Neuffen bezeugt. Letztmalig erscheint Gottfried in einer Urkunde des Klosters Rechenzofen von 23.04.1255.

Seine Werke sind gespickt von Ironie und bestechen durch sprachliche Meisterschaft. Melodien von Gottfried sind nicht überliefert. Ein großer Teil seiner Lieder zeigt eine verblüffende formale Meisterschaft in Strophenbau, Reimordnung und Wortwiederholungen. Es scheint so als jongliere Gottfried immer wieder mit denselben Motiven: Jahreszeiten, roter Mund und strahlende Augen der geliebten Dame, Klagen über ihre Unzugänglichkeit, über Liebeswunden, Anrufungen der Minne.

2 Burkhard von Hohenfels

Er stammt aus einer angesehenen Ministerialienfamilie. Den frühesten Beleg für einen *Burchardus de Honuels* liefert eine Urkunde Bischof Diethelms von Konstanz vom Jahr 1191. Ende 1222 traten er und sein Bruder unter den Zeugen eines Diploms König Heinrichs VII. auf, seitdem findet man Burkhard vor allem in Diplomen König Heinrichs VII.

Burkhard beherrscht die klassischen Formen und Traditionen der Minnelieder aber er öffnet sich auch dem Stilwandel. Er geht weg vom Verharren in der Klage zum Sinnlich-Derben und Tänzerischem.

3 Ulrich von Winterstetten

Schenk Ulrich von Winterstetten, auch von Schmalneck oder von Schmalneck-Winterstetten wurde vermutlich um 1225 geboren und ist zwischen 1241 und 1280

nachweisbar. Er entstammt dem ober-schwäbischen Ministerialgeschlecht von Tanne-Winterstetten. Der Dichter tritt erstmals mit seinen Eltern, den drei älteren Brüdern und den vier Schwestern in einer Urkunde von 1241 auf. 1258 ist er in als Kanonikus in Augsburg in zwei Urkunden zu finden, weitere Urkunden aus den Jahren 1263, 1265 und 1269 folgen (in Schmalneck, Biberach, Konstanz). Die letzte Urkunde ist vom 21. August 1280.

Im Formalen wächst er über Burkhard von Hohenfels und Gottfried von Neifen hinaus. Ihn reizt vor allem das Spiel mit den Formen. Er ist sehr originell in seiner Themenwahl, manchmal sogar derb und auch sinnlich. Hierbei wird der Einfluss von Neidhart deutlich aber man wird auch an Tannhäusers ironische Klagen über die anmaßende Herrin, die vom Ritter alles verlangt und ihm nichts entgegenbringt, erinnert.

1. Definition von „Dichterschule"

Unter Dichterschule (im weiteren Sinne „Dichterkreis") versteht man eine Gruppe – z. T. Lokal – landschaftlich, z. T. durch freundschaftliche Beziehungen – verbundener Dichter mit gleichem oder doch ähnlichem künstlerischen Wollen (Gehalt) und vor allem auch formal gleichstrebender Gestaltungsrichtung (Form).

· Überwiegen der theoretisch – geistigen Beziehungen, Gemeinschaft in Technik und Tendenz, bewusste Durchführung künstlerischer Leitgedanken, absichtlicher Anschluss an ein praktisches Muster

4 Der „Dichterkreis"

Fokus liegt auf freundschaftlicher Beziehung: „Freundesgruppe", lokaler und persönlichen Zusammenschluss

5 Heinrich VI.

Sohn Friedrichs I. Barbarossas, er gilt als hochbegabt und an seiner Autorschaft wird mittlerweile kaum noch gezweifelt. Zusammen mit einer Miniatur sind am Anfang der Weingartner Liederhandschrift B und der Großen Heidelberger Liederhandschrift C unter dem Namen *kaiser Hainrich* bzw. *keiser Heinrich* je acht Minnesangstrophen überliefert. Die drei überlieferte Minnelieder repräsentieren verschiedene Stilstufen. Für diese Stilformen mag er Anregungen bei den in staufischen Hofkreisen auftretenden Sängern gefunden haben, zu denen auch Ministerialen wie Friedrich von Hausen, Bernger von Horheim, Ulrich von Gutenburg zählten.

6 Dichterkreise im Umfeld des Stauferhofs

6. 1 Friedrich von Hausen
Besonders in seinem letzten Lebensjahrzehnt ein hochangesehener Ministeriale des Stauferhofes, gilt in der Literaturgeschichtsschreibung als Haupt des rheinischen Minnesangs, der sich im Umkreis des staufischen Hofes entwickelte. Er führte in seinen Liedern zum ersten Mal in der Geschichte der mittelhochdeutschen Lyrik das Ritual der hohen Minne, der ebenso ergebenen wie vergeblichen Dienstverpflichtung. Neben Heinrich von Veldeke und Rudolf von Fenis war er der wohl wirkungsvollste Ermittler romanischer Liedkunst.

7 Die Gattung „Tagelied"

7.1 Einleitung und Einführung
Tagelieder sind lyrische Erzähllieder, die selten als reine Dialoglieder auftreten. Durch den Wechsel von Erzählung und Dialog wird eine episch-dramatische Stimmung erzeugt. Die Hauptpersonen sind der Ritter, der Wächter und die Dame. Der Grundtyp des Tageliedes besteht aus drei Strophen.

7.2 Thema
Tagelieder poetisieren den Schmerz eines (noch) nicht verheirateten Liebespaares, das sich bei Tagesanbruch, nach einer gemeinsamen Nacht, wieder voneinander trennen muss. Der Ruf des Wächters, die hereinbrechenden ersten Sonnenstrahlen am Morgen sowie das beginnende Zwitschern der Vögel stellen dabei die typischen Signalwörter des Tagesliedes dar und sind als

Warnung und Aufforderung zur Trennung zu verstehen, um mögliche Folgen zu vermeiden.

7.3 Motive und Signale

- spielt meist im Gemach der Dame, selten wird aber auch die Natur als Ort der Handlung beschrieben.

- der Wächter wurde von Wolfram von Eschenbach in das Tagelied integriert. Dieser nimmt häufig eine mitfühlende Instanz ein, der dem liebenden Paar gegenüber gut gestimmt ist und dieses vor schlimmen Folgen bewahren will

- in anderen Liedern nimmt der Wächter eine andere Rolle ein. So in Wolfram von Eschenbachs *Von der zinnen*. Hier führen der Wächter und der Ritter einen Dialog, wobei der Wächter mehr bestimmend und warnend als einfühlsam dem Ritter die verfängliche Lage klar macht.

7.4 Besonderheiten und Parodieformen

Es haben sich Parodien auf das Tagelied entwickelt, welche die Form und Struktur nicht einhalten. Im Folgenden werden zwei markante Beispiele aufgezeigt.

7.5 Parodie auf das Tagelied durch Wolfram

Der helden minne (Reader S. 8) von Wolfram von Eschenbach besteht aus zwei Strophen, deren erste sich an den morgenlichen Wächter richtet. Das lyrische Ich wendet sich gegen dessen Warnung, nämlich dass sich das Paar am Morgen zu trennen habe. In der zweiten Strophe wird deutlich, warum: Das Paar, das durch den Minnesänger in den Mittelpunkt gerückt wird, ist nämlich kein uneheliches, wie es für das Tagelied Voraussetzung ist, sondern ist verheiratet und hat somit keine schlimmen Folgen zu befürchten und kann getrost bis zum Morgen beieinander weilen.

7.6 Parodie auf das Tagelied durch Steinmar

Ein kneht der lac verborgen (Burghart Wachinger (Hg.): *Deutsche Lyrik des späten Mittelalters*: S.330) von Steinmar besteht aus vier Strophen. Es handelt von einem liebenden Paar das sich in einem Viehstall versteckt hält. Durch den Ruf des Hirten, der seinen Knecht auffordert die Herde ins Freie zu lassen, erschrickt das Paar derart, dass das Heu umherfliegt.

Die Magd beginnt zu lachen und die beiden wiederholen ihr Bettspiel am frühen Morgen.

8 Zur Person Neidharts

Wie von vielen anderen mhd. Dichtern auch zeugt von seiner historischen Person keine unmittelbare Urkunde oder Chronik. Leben und Wirken sind nur innerliterarisch fassbar.

8.1 Zum Namen und zur Namensproblematik

Der Name ist umstritten, Forscher halten für möglich, dass er nicht Tauf- sondern Dichtername war, da negative Bedeutung (>>Neidling<<, >>Teufel<<) zu manchen Liedinhalten in Beziehung gebracht werden kann.

8.2 Lebensspuren

- Wohnorte: nennt selbst im umfassenden Sinn Bayern (Landshut, Residenz der Herzöge. Herkunft wird hier vermutet, muss aber nicht Geburtsheimat sein), erwähnt Österreich und den Hof zu Wien. Konkret als Wohnort Medelicke – Mödling bei Wien
- Wechsel von Bayern nach Österreich scheint durch tiefgreifendes Ereignis motiviert, wird von Forschung auf die Zeit um 1230 datiert

8.3 Gönner

- Beginn der Schaffenszeit wird auf 1210 angesetzt, erstmalige Anspielung auf ihn um 1210/20 in Wolframs *Willehalm*
- ausgehend von Aussagen seiner Lieder und deren zeitgeschichtlichem Kern kann geschlossen werden: Neidhart wirkte als (fahrender) Sänger bis etwa 1230 im vornehml. Bayerischen Raum, danach in Österreich
- dort bewegte er sich im Umkreis der Höfe, nahm an Unternehmungen seiner Herren teil → Hinweise auf Gönnerschaft Herzog Friedrichs II., des Streitbaren, von Österreich → Kennmarke „Reuental" wird in den Liedern ab nun aufgegeben
- Neidharts Tod wird um 1240 datiert da sich im Werk keine Bezüge auf historische Ereignisse nach dieser Zeit finden

8.4 Zu Neidharts Werk

Handschriften überliefern insgesamt etwa 1500 Neidhart zugesprochene Strophen in nahezu 150 Liedern – Überlieferungsbreite wird im 12.-14. Jh. nur von Walther übertroffen.

8.4.1 Echtheitsproblematik

- Lieder sind nicht nur in Textfassung, Strophenzahl und –reihung, sondern auch in Form, Stil und Inhalt recht unterschiedlich → lässt sich bei einem so originellen Autor aus schöpferischer

Variationslust und auffallenden formalen und inhaltlichen Innovationen erklären

8.5 Lieder

Die Besonderheit von Neidharts Lieddichtung besteht in der Transposition der Grundsituation des höfischen Minnesangs in ein ihr gänzlich unangemessenes Milieu – die bäuerliche Umgebung. Literarische Anregung: ev. Walthers Mädchenlieder oder die mittellateinischen und romanischen Pastourellen. Hintergrund des hohen Minnesangs und Kenntnis dessen wird beim Publikum vorausgesetzt.

- *formale Kriterien*: Monologe, Dialoge, Szenenlieder, Erzähl- und Berichtslieder

- *Personal*: Liebhaber tritt als Ritter auf, Minnedamen – Bauernweiber und –mädchen, Konkurrenten – Bauernburschen, Frauen- (Mutter- und Tochter- und Gespielinnen-)Lieder, Sängerlieder, Dörperlieder

- *Intentionen*: in der Minnesangtradition stehende Preis- und Klagelieder, komische, parodistische und satirische Lieder

8.5.1 Unterteilung in Sommer- und Winterlieder

Neidhart schuf zwei unterschiedl. Liedtypen:

a) *Sommerlieder* zeigen i.d.R. Rittersänger als Sehnsuchtsziel der Bäuerinnen. → für den MS konstitutive Konstellation ist hier umgedreht: Frau wirbt um den ständisch höher gestellten Mann.

b) *Winterlieder* geben Schilderungen von Prügeleien und sonstigen Zwischenfällen wieder (mehrfach Motiv des Spiegelraubs durch Bauern Engelmar an Mädchen Friderun)

8.5.2 Motive

- *Verwendung kennzeichnender Elemente der früheren höfischen Lyrik*: schöpft aus Motiv- und Themenschatz des frühen MS, übernimmt teils unverändert oder setzt in unmittelbaren Kontrast zum >Dörperlichen< → neue ambiguose Beleuchtung

- *Darstellung des Erotischen und Sexuellen*

- *Dörperliche Grobheiten*: beklagt Kultur- und Sittenverfall

- *Bezüge auf Tanz und Gesang*: Tanz spielt eine bedeutende Rolle in Neidharts Liedern. Oft Vorwand der mädchen, mit dem *ritter* oder *knappen von Riuwental* in Kontakt zu kommen. - *Einbeziehung der Natur*: Natureingang als konstitutives Element, Art Markenzeichen der Neidhartschen Lyrik, fehlt nur in wenigen Liedern.

8.6 Neidharts Lyrik als Gegensang

- *literarischer Gegensang*: Parodie, gerichtet gegen die Rituale des hohen Sanges.

- *gesellschaftskritischer Gegensang*: Persiflage, gerichtet gegen höfische Gesellschaft, gegen

Rittertum

- *höfische Dichtung*: nicht für das vermeintliche Personal der Lieder bestimmt

- *satirische Dichtung*: Verspottung Erscheinungen höfischen und allgemein menschlichen Fehlverhaltens.

- *unterhaltende Dichtung*: ambiguos schillerndes Spiel mit Wörtern, Bildern und Szenen.

8.7 Nachwirkungen

- *Sommer- und Winterlieder* beeinflussten formal und inhaltlich zeitgenössische und spätere Lyriker

- *Schwanklieder* hatten eine noch entscheidendere Auswirkung, z.B. auf die mhd. Epik

- im Bereich der Epik ist der „Helmbrecht" erstes Zeugnis für Neidharts programmatisches Beispiel

9 Die Dichtung der Trobadors

9.1 Wortbedeutung und Wortherkunft der Bezeichnung ‚Trobador'

‚Trobador' geht auf die altprovenzialische Bezeichnung ‚trobar' für ‚(er)finden' zurück. Im Altprovenzialischen wurde so auch ein Dichter bezeichnet. Die Bezeichnung könnte sich auch vom lateinischen ‚contropare' ableiten, was ‚bildliches Sprechen' bedeutet oder auf das griechisch-lateinische ‚tropus' zurückzuführen sein, womit eine ‚rhetorische Figur' bezeichnet wird.

9.2 Wichtige Liedgattungen der Trobadorlyrik

9.2.1 Kanzone

-etwa 40 Prozent der überlieferten Trobadorlieder gehören zu dieser Gattung - starke Betonung der Kanzone in der Forschung auf Kosten der Diversität der Trobadordichtung

- typisch: trobadoresker Frühlingseingang, der mit der Erinnerung an die Dame verknüpft ist

- Thematik der Kanzone: Darstellung der trobadoresken Erwartungshaltung: Hoffnung auf Liebeserfüllung sexueller Art; Wächter (‚gaita') als hilfreicher Freund

9.2.2 Kreuzzugslied

- entstand nachdem Papst Urban II. auf dem Konzil von Clermont im Jahre 1095 den Kreuzzug gepredigt hatte; zuvor wurde das Abendland durch den Einfluss Bernhards von Clairvaux von der Kreuzzugsidee erfasst

- Thematik: u.a. Gedanken des Dichters zu Kreuzzügen, Sorge des Kreuzzugteilnehmers um die wartenden Angehörigen, Sorge der daheimgebliebenen Dame um den Geliebten

9.2.3 Sirventes

- entstand nach dem Vorbild der Kanzone

- Trobadors räumten Sirventes geringes Prestige ein

- gehört zu Auftrags- bzw. Gelegenheitslyrik von Lohnsängern

- um 1150 galten Sirventes als Spielmannsdichtung

9.2.4 Klagelied

- private, kultische oder öffentlich-gesellschaftliche Klage um einen Verstorbenen

- Klage durch einen Einzelnen oder durch eine Gemeinschaft

- Tod wird häufig als Aufhänger für eine Kritik an der zeitgenössischen Realität verwendet

10 Die Dichtung der Trouvères

10.1 Wortbedeutung

Die Bedeutung des Begriffs ‚Trouvères' geht ebenfalls auf das altprovenzialische ‚trobar', was ‚(er)finden' bedeutet, zurück. ‚Trouvère' ist die altfranzösische Bedeutung für ‚(er)finden'.

10.2 Hauptwirkungszeit und einige bekannte Trouvèresdichter

- Trouvèresdichtung erstreckt sich auf die Zeit zwischen 1160/70 und 1270/80

10.3 Vorurteile gegenüber der Trouvèreslyrik

- Trouvères häufig als Nachahmer der Trobadors gesehen, die zu Wiederholungen und Obszönitäten neigen => Trouvèreslyrik: „Plagiat" der Trobadorlyrik

10..4 Unterschiede zwischen der Trouvères- und Trobadorlyrik

- Trobadorlyrik: provenzialische Sprache, Trouvèreslyrik: nordfranzösische Dialekte (‚langue d'oïl')

- Trouvèresdichtung: es wurde mehr Wert auf musikalische Begleitung gelegt

- Trobadorlieder bestehen im Gegensatz zu Trouvèresliedern aus der Biographie des Trobadors (‚vida') und Kommentaren zu seinem Werk (‚razo')

- Trobadors legten großen Wert auf die Darstellung der höfischen Minne; Trouvères distanzierten sich in ihren Werken häufig von höfischen Ideologien

- Lieder der Trouvères beziehen im Gegensatz zu denen der Trobadors das Erotische stärker ein

10.5 Wichtige Liedgattungen der Trouvèreslyrik

10.5.1 Rondeau

- Verfasser unbekannt

-Refraingedicht; ursprünglich: Tanzlied, das zur Begleitung eines Reigen- bzw. Maientanzes gesungen wurde -> volkstümlicher Charakter

- im Laufe der Zeit wurde der Refrain stark gekürzt

- Solist singt Strophenteile, der Tanzchor den Refrain

10.5.2 Chanson del mal-mariée

- Klage- oder Spottlied, teils in Wechselrede

- obszönes, spöttisches Gegenteil zur Stilisierung des Ehebruchs in der höfischen Dichtung

10.5.4 Pastourelle

- Thematik: Ritter berichtet meist vom Versuch der sexuellen Verführung einer Schäferin auf dem Feld, die im Vordergrund der Pastourelle steht

- inhaltliche Gliederung in drei Teile: Begegnung, Werben um das Mädchen, Abweisung (Entwischen des Mädchens oder ihre Rettung durch einen ‚ami') oder Vereinigung (kann u.U. gegen den Willen des Mädchens geschehen, wird jedoch häufig im Nachhinein so dargestellt, als ob sie von beiden Seiten ausgegangen wäre)

- Darstellung eines Gegensatzes: höfisch gesittete Annäherung an die Schäferin im Gegensatz zu den wahren Absichten des Mannes; meistens wird auch der Standesunterschied thematisiert, da das Hirtenmädchen einem niederen sozialen Stand angehört

10.5.5 Tagelied

- altfrz. ‚aube'

- weitverbreitete Gattung, die jedoch im Altfranzösischen nur in wenigen Liedern überliefert ist

- Thematik: Trennung der Liebenden nach der Liebesnacht; Wächter (‚gaite') weckt das schlafende Paar mit Hornklängen und hält Ausschau nach dem Ehemann der Dame; am Ende beklagt die Dame meist den Abschied vom Geliebten; Tagesanbruch wird u.U. auch durch einen Vogel angekündigt

11 König Wenzel

- Wenzel wird 1271 als einziger Sohn von Ottokar II. Premysl geboren, nach dessen Tod steht er einige Jahre unter der Vormundschaft des Markgrafen Otto IV. Von Brandenburg, der sein Onkel und selbst auch Minnesänger ist

- Wenzel ist eindeutig als Verfasser seiner Werke zu identifizieren

- obwohl er ein Laie war, war er für geistige Dinge und Fragen sehr aufgeschlossen

- Die Möserschen Fragmente m und die Weimarer Liederhandschrift F zeigen eine Nachbarschaft zwischen den Liedern Frauenlobs und König Wenzels; möglicherweise eine gemeinsame Entstehungsgeschichte, die etwas mit ihrer persönlichen Beziehung zu tun haben könnten, die Frauenlobs Lobpreisungen erahnen lassen
- beide schreiben Lieder der hohen Minne, fünfstrophig, Pathos der hohen Minne → das Ich und seine widerstreitenden Empfindungen
- dieser Typus kommt in der Lyrik der zweiten Hälfte des 13. Jahrhunderts sonst kaum vor
- bei Wenzel häufige Anklänge an Frauenlobs Motive und Minnedichtung

12 Die Person Steinmar

- Minnesänger in der zweiten Hälfte des dreizehnten Jahrhunderts
- Sichere Identifizierung des Minnesängers Steinmar ist bis heute problematisch
- Gleich mehrere Steinmare sind im gegebenen Zeitraum beurkundet, favorisiert wird ein Berthold Steinmar von Klingnau (Aargau), der urkundlich von 1251-1293 bezeugt ist.
- Neben Berthold wird meist ein schwäbischer Steinmar von Sießen-Stralegg (1259-1294) als weiterer möglicher Kandidat für die Autorschaft diskutiert. Dagegen spricht allerdings der Codex Manesse, der den Namen ‚Steinmar' als Geschlechter- und nicht (wie im Falle Sießen-Stralegg) als Vornamen erwähnt.

12.1 Die Werke Steinmars

Die Lieder sind meist drei- oder fünfstrophig und enthalten allesamt Refrains, die spielerisch variiert werden. Aufgrund seiner offensichtlichen Vorliebe für Refrains wird Steinmar ein Wetteifern mit Ulrich von Winterstetten (1241-1280) nachgesagt Neben traditionell-höfischen Konzeptionen (Hohe Minne) bricht Steinmar in einigen Liedern mit den klassischen höfischen Konventionen (Niedere Minne).

Berwerkstelligt wird dies durch Übertreibungen oder drastische Metaphorik. Steimar bedient sich in seinen Liedern auch des bäuerlichen Milieus.

12 Oswald von Wolkenstein

12.1 Materialsammlung

Über das Leben von Oswald von Wolkenstein ist mehr überliefert als über irgendeinen anderen mittelalterlichen Dichter. Das liegt daran, dass seine Autobiographie in Urkunden, Briefen und vor allem Liedern umfangreich dokumentiert ist. Man bezeichnet von daher die Hälfte seiner Gedichte als autobiographische Lieder.

12.2 Herkunft

- Oswald v. W. stammte aus der Südtiroler Adelsfamilie der Herren Villanders und Wolkenstein. - Durch Interpretation von seinen Lied ,,es fugt sich``, das 1416 entstanden ist lässt sich vermuten, dass er im Zeitraum der Jahre 1376/78 geboren sein muss.

- Nach seiner eigenen Aussage verließ Oswald sein Vatershaus im Alter von 10 Jahren.

- Vermutlich im Gefolge eines reisenden Ritters, dem er in allerlei Funktion dienen musste. Er will in Arabien, Armenien, Persien, Romani, Georgien, Griechenland und noch mehr Länder gewesen sein.

- Oswald war Sänger, Dichter, Komponist, sowie Politiker.

- Als Höhepunkt seines Lebens erwähnt er mehrfach eine diplomatische Reise im Auftrag Sigismunds, die ihn 1415/1416 nach Portugal, die arabischen und aragonesischen Herrschaftsgebiete der Iberischen Halbinsel sowie nach Süd- und Nordfrankreich (Perpignan, Avignon, Paris) führte.

- Oswald starb am 2.8.1445 in Meran. Er wurde im Kloster Neustift bei Brixen beigesetzt, wo er für sich sowie für zwei Knechte bereits 1412 eingepfründet hatte.

12.3 Oswalds Überlieferung

Oswalds *Euvre* ist in drei Sammelhandschriften überliefert. Seine Dichtung nutzte er zur Selbstdarstellung und zur Sicherung seines Nachruhms. Sein Werk sollte dafür sorgen, dass er unvergesslich bleibt.

13 Der Leich

- Durchkomponierte Groß- und Prunkform mhdt. Lyrik

- Gehört neben dem Minesang und der Sangspruchdichtung zu den drei Hauptgruppen der

Lieddichtung des Mittelalters

- Entsteht im späten 12. Jh, die Gattung ist aber vor allem dem 13. Jh. zuzuschreiben. Bedeutendste Autoren dieser Zeit: Walther von der Vogelweide, Ulrich von Lichtenstein, Ulrich von Winterstetten, Tannhäuser, Konrad von Würzburg, Hadloub und Frauenlob.

- Der Leich existiert bis ins 14. Jh.

13.1 Form des Leichs

Er besteht aus Versikeln, diese sind Bausteine des Leichs und bestehen meist aus wenigen Versensie folgen dabei je einem eigenen metrischen Schema und einer eigenen Melodie.

13.2 Stilmittel

Versikel geben die Möglichkeit der Paralellisierung von Motivne, antithetischen Spiegelungen oder Wiedehrolungen. Die Reihenstrukltur begünstigt das Stilmittel der Aufzählung.

14 Die Gattung Pastourelle

14.1 Definition

- Eine Untergattung des Minnesangs

- dialogisches Erzähllied; dem *genre objectif* zugehörig

- lat. *pastoralis* – zum Hirten gehörend – als Anspielung auf die weibliche Rolle des Liedes

- Neben dem rein Lyrischen kommen szenische und erzählende Elemente hinzu

14.2 Die Pastourelle als Kontrast zur hohen Minne

- Hoher Minnesang als Ausformulierung des höfischen Gesellschaftsideals und der Schaffung eines Idealbildes der höfischen Vollkommenheit

- Thematisiert die sexuelle Erfahrung der Liebe, was die hohe Minne ausschließt

- Übergreifende Standeskonzeption: Ritter wirbt um ein Mädchen niederen Standes

14.3 Herkunft und Überlieferung

14.3.1 Herkunft

- Ihr Ursprung liegt im Altfranzösischen, Provenzalischen und Mittellateinischen des 13. Jahrhunderts- Aus der Trobadorlyrik sind etwas 30 Lieder überliefert, aus der Trouvèrelyrik sogar 150 Lieder.

14.3.2 Struktur und Inhalt

- Dialogisches Erzähllied das Minnegespräch ist als Tenzone (Streitgespräch) angelegt

- Natureingang als charakteristisches Merkmal

- Ritter berichtet in Ich-Form über sein Abenteuer, welches im Freien stattfindet

- Bericht über die Begegnung eines Ritters (oder Klerikers) mit einem einfachen Mädchen (Bäuerin, oder dem Gattungsnamen entsprechend, einer Hirtin) deutlich ist der Standesunterschied der beiden erkennbar

- Im Vordergrund steht der Versuch einer sexuellen Verführung

14.4 Inhaltliche Gliederung

1.Teil: Die Begegnung:

- An einem schönen Tag reitet der zum höfischen Stand gehörende Mann aus

- Ritter trifft ein bäuerliches Mädchen und beginnt um sie zu werben.

2.Teil: Die Werbung:

- Umwerbung, doch das Mädchen weigert sich, es kommt zu einem dialogischen Streitgespräch. Ritter bestärkt sein Bemühen: Geschenke und Versprechen,

3.Teil: Liebesvereinigung oder Abfuhr

- Situation bleibt in der Schwebe

- Ritter gelangt zu seinem angestrebten Ziel

- Bemühungen werden erfolglos abgebrochen

- Sänger wird schmachvoll abserviert

Der Ausgang kann unterschiedliche Motivationen haben:

- Hirtin kann von selbst entwischen bzw., seltener, wird von ihrem ,ami' (Freund) gerettet

- Ritter lässt als wahrer Vertreter der *courtoisie* von alleine ab

- Mädchen lässt sich durch schmeichelhafte Worte, Versprechen oder Geschenke erweichen

- Der Widerstand reizt den Ritter, wobei eine Vergewaltigung nicht selten ausbleibt

- Hinterher wird aber bei diesem Ausgang meist noch erwähnt, dass das Mädchen schlussendlich aber Gefallen an der Liebesvereinigung fand

14.5 Sprachliche Gestaltung

Der inhaltliche Aufbau wird durch die sprachliche Gestaltung unterstützt:

- Der erste Teil ist sehr formelhaft, hat wenige Variationsmöglichkeiten

- Formelhafte Wendungen sind auch im 2.Teil, der Werbung, zu finden, doch weniger als im ersten Teil

- Der Schluss ist relativ frei von Formeln, was den Variationsmöglichkeiten zu Grunde liegt

- Der angelegte Dialog lässt den sprachlichen Kontrast der höfischen Sprache und der des derben

Bauernstandes erkennen

15 Johannes Hadloub

Gelebt hat Johannes Hadloub ungefähr während der 2. Hälfte des 13. Jahrhunderts bis zum Anfang des 14. Jahrhunderts.Der recht vielseitige Liederkorpus Hadloubs enthält Repräsentanten neuer Liedergattungen: Erzähllieder , Erntelieder und das sog. „Lied von der Haussorge" Die Mehrheit der übrigen Lieder steht in Tradition mit der Hohen Minne, ist Minneklage oder Minne/Frauenpreis, oft mit einem aus dem gängigen Motivkanon gestalteten Natureingang.

In seinen Liedern wird der Ritus des höfischen Minnedienstes in städtischer Umwelt nachgespielt und damit aus der ländlichen Umgebung geholt.

15.1 Form und Mittel

Sein Werk wirkt trotz seiner unbestreitbar thematischen Originalität, trotz einzelner realistisch-pointierter Wendungen und manchen sowohl motivischen als auch formalen Durchbrechungen gängiger Schemata vor allem sprachlich teilweise flach, dafür vom literarischen „Handwerk" her beständig.

16 Heidelberger Liederhandschrift C

Die Handschrift C wird Große Heidelberger oder Manessische Liederhandschrift genannt. Ist die umfassendste Sammlung deutschsprachiger Liedkunst von der 2. Hälfte des 12. bis in die 1. Hälfte des 14. Jhs. Lieder sind nach Autoren geordnet und mit ganzseitigen Bild vor jedem Oeuvre geschmückt. HS enthält 138 Bilder und wurde nie abgeschlossen, entstand vermutlich zwischen 1300 und 1340 in Zürich.